송영곡집

영과 진리로

작곡 여경미

와이즈성가
Beyond Praise

영과 진리로

———

예수께서 이르시되 "여자여 내 말을 믿으라. 이 산에서도 말고 예루살렘에서도 말고 너희가 아버지께 예배할 때가 이르리라. 아버지께 참되게 예배하는 자들은 영과 진리로 예배할 때가 오나니 곧 이 때라. 아버지께서는 자기에게 이렇게 예배하는 자들을 찾으시느니라. 하나님은 영이시니 예배하는 자가 영과 진리로 예배 할지니라" (요 4: 21-24)

위의 말씀은 예배를 시작하며 예배 인도자가 낭독하는 성경말씀이다. 그 당시 상종 조차 하지 않던 사마리아 여인이 물을 길으러 온 우물가에서 참 생명수이신 예수님께서 물을 달라 하시며 야곱의 우물에서 길어 올린 물은 다시 목이 마르나 예수님의 말씀은 영원히 목마르지 않게 한다, 말씀하시며 거기에 더하여 참된 예배에 대해서도 예수께서 자세히 설명해 주신 부분이다.

    1. 영으로 드리는 예배 : 성령의 임재 가운데 드리는 예배
    2. 진리로 드리는 예배 : 진리이신 예수님을 통해, 예수님을 의지해 드리는 예배로
                            온 몸과, 마음과 정성을 다 바쳐 온전히 자신을 드리는 예배

      1) 입례 송 - 예배의 대상이신 영이신 하나님의 이름을 선포하는 찬양, 창조주, 성부, 성자, 성령 삼위일체의 하나님, 만유에 주, 만왕의 왕 등 거룩하신 하나님의 이름을 높이는 곡들로 작곡되었다.
      2) 기도 송 - 우리의 뜻이 아닌 하나님 아버지의 뜻을 이루어 드리는, 주님 가르쳐 주신 기도와 동일한 기도이자 찬양이다. 그 모든 것을 더하시겠다는 주님의 말씀을(마 6: 33) 의지해 드리는 기도이다.
      3) 헌금 송 - 아버지의 나라를 확장시켜 나가는데 물질이 쓰이고 주신 은혜에 감사 드리는 감사 찬양이다.
      4) 축도 송 - 받은 말씀을 붙들고 주의 인도하심을 따라 살며 예수님께서 주신 마지막 사명인 복음을 전하는 자로 하나님의 영광을 위해 살아 갈 것을 찬양한다.

예배를 위해 1년에 두 번씩 입례, 기도, 헌금, 축도 송을 새롭게 드리려 했다. 매번은 아니지만 되도록 신년 주일과 맥추 감사 주일에 새로운 송영 곡으로 "새 노래로 여

호와께 노래하라."(시편 96;1)를 실천하려고 했다. 그동안 작곡한, 혹은 편곡한 곡들이 쌓여 작지만 한권의 송영 곡이 되어 하나님께 올려 드린다. 문자적으로 해석해 "새 노래로 여호와께 노래하라"를 실천한 것은 아니지만 신년 주일과 맥추 감사 주일에 하나님께 드리는 나의 작은 감사예물이라 생각하며 곡을 썼다.

요즘은 교회마다 열린 예배로 드리는 경우가 많아 찬양대보다 찬양 단이 예배 음악을 담당하는 경우가 많다. 앞으로 주일 예배의 형태도 어떻게 변해갈지 모른다. 시대가 변하면서 예배의 형태도 변해왔고 계속해 변해 갈 것이다. 영이신 하나님께서 기뻐하시는 영과 진리의 예배가 주님 오실 때까지 이어지길 기도해야 할 때 이다. 주일 성수와 예배가 팬데믹을 지나며 축소되고 약화되어 온라인 예배로 드려도 되는 것으로 인식되어졌다. 목숨을 바쳐 복음을 전 세계에 전했던 유럽이 선교의 대상이 되어가고 있는 현실이 곧 우리의 처지가 될까 염려 된다. 하나님께서 가장 기뻐하시는 찬양도 어떤 형태로 변해갈지 예측하기 어렵다. 찬양의 방법과 형식에 있어 모두가 생각이 달라 명확하게 이것이 옳다 저것이 옳다 주장할 수 없다. 자칫 본질에서 멀어지는 논쟁거리가 될 수 있기 때문이다. 그럼에도 우리의 감정을 울려, 부르는 자와 듣는 자가 찬송 받는 자리에 서 있어 영광 받으셔야 마땅한 영이신 하나님을 밀쳐 낸다면 그것은 예배와 찬양이 아닐 것이다.

예배를 드리기 위해 김포에서 교회가 있는 광화문까지 밤새 걸어가 주일 성수하고 예배와 찬양으로 온 종일 주를 예배한 옛 조선의 성도들, 교회를 오고 가는 길에서도 하나님을 찬양하였을 것이다. 이와 같은 믿음의 선조들이 지역마다 교회를 세웠고 그 덕에 우리는 가까운 교회에서 예배를 드릴 수 있게 되었다. 왕복 10시간, 그 이상의 시간을 걸어가서라도 예배드리려는 그 간절함이 참된 예배가 아닐까 생각한다.

사마리아 여인이 예수님을 만나고 "여자가 물동이를 버려두고 동네로 들어가서 사람들에게 이르되"(요 4: 28) 우리도 이 여인과 같은 예배자가 되어야하지 않을까! 영과 진리의 예배에 이 송영 곡이 쓰이길 바란다.

2024년 9월 28일 가을을 기다리며… 저자 여 경 미

목차

전능왕 오셔서

for S.A.T.B voices, accompanied

Tune: ITALIAN HYMN
Music by 여경미

입례

전 능 왕 오 - 셔

서   주 여 임 재 하 소 서 주 의 성 령 이

7

만복의 근원 하나님
Praise God From Whom all Blessings Flow
for S.A.T.B voices, accompanied

Words by T. Ken

Tune: **OLD HUNDREDTH**
by L. Bourgeois
Arranged by 여경미

입례

송 하 세 찬 송 성 부 성 자 성 령

아 - 멘

영과 진리로 예배할지어다

for S.A.T.B voices, accompanied

입례

Music by 여경미

하늘에 계신 주께

for S.A.T.B voices, accompanied

입례

Words and Music by **여경미**

text

14

주의 성령 임하소서

입례

Words and Music by 여경미

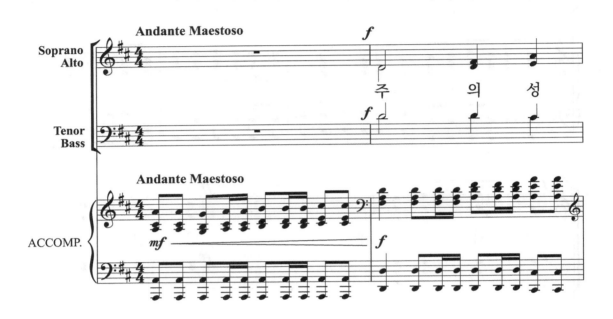

거룩, 거룩, 거룩한 주께

for S.A.T.B voices, accompanied

입례

Music by 여경미

거 - 룩 거 룩

거 룩 한 주 께 영 과

진 리 로 예 배 하 라 – 성 부

성 자 성 령 께 영 광 의

할 렐 루 – 야 아 멘

오! 기뻐하라

for S.A.T.B voices, accompanied

Word by Latin Hymn, 12th Century

Tune: VENI EMMANUEL
by T. Helmore
Arranged by 여경미

입례(구주강림)

리　라　임　－　마　누

엘　　아　－　멘

전능왕 오셔서

for S.A.T.B voices, accompanied

Tune: ITALIAN HYMN
Arranged by 여경미

입례

전능왕 오셔서

for S.A.T.B voices, accompanied

Tune: ITALIAN HYMN
Arranged by 여경미

입례

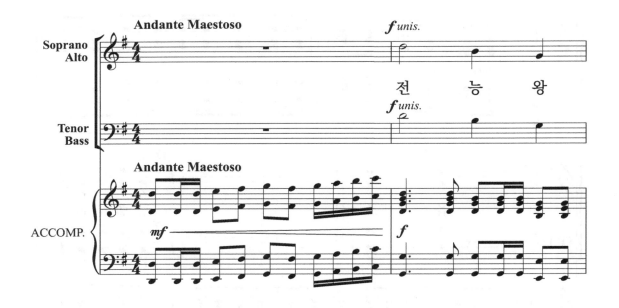

성삼위 일체께

for S.A.T.B voices, accompanied

Arranged by 여경미

입례

성 삼 위

일 - 체 께

기쁘다 구주 오셨네

for S.A.T.B voices, accompanied

Words by I. Watts

Tune: ANTIOCH
by G. F. Handel
Arranged by 여경미

입례(성탄)

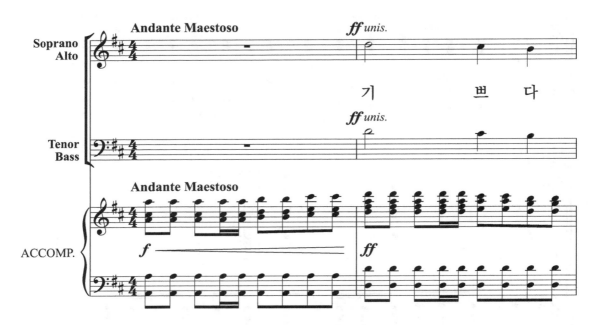

오 셨 네 주 께

영 광 아 멘

사망 권세 모두 이기시었네

for S.A.T.B voices, accompanied

입례(부활)

Music by 여경미

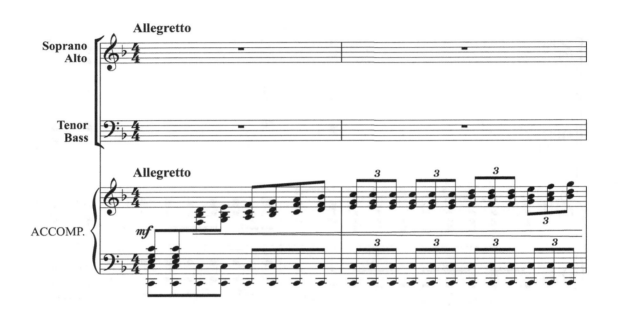

사 - 망 - 권 세 모 두 이 - 기 시 었

성부 성자 성령께

for S.A.T.B voices, accompanied

Words and Music by **여경미**

입례

성 부 성 자 성 령 께

예 배 드 립 니 다 잠 잠

성부 성자 성령께

for S.A.T.B voices, accompanied

입례

Music by 여경미

성 부성자 성 령께

찬 송과 영 광 태 초부 터지 금

성부 성자 성령께

for S.A.T.B voices, accompanied

입례

Music by 여경미

36

성부 성자 성령께

for S.A.T.B voices, accompanied

입례

Music by 여경미

성 - 부 성 - 자

성 령 - 께   온 맘 으 로 주 께

38

성부 성자 성령께

for S.A.T.B voices, accompanied

입례

Music by 여경미

성부 성자 성령 께   예 배

드 릴 지 어 다   주 의 인 자 하 심 과

41

만유의 주께

for S.A.T.B voices, accompanied

입례

Words and Music by **여경미**

44

하나님은 영이시니

for S.A.T.B voices, accompanied

입례

Words and Music by 여경미

마 다 영과 진리로 예

배 할지라 성부성 자성 령

께 예 배 하 라 아

멘 아 멘 -

주여! 오 주여

for S.A.T.B voices, accompanied

기도

Words and Music by 여경미

너희는 무엇을 구하느냐

for S.A.T.B voices, accompanied

기도

Words and Music by 여경미

너 희 는 무 엇 을 구 하 느

냐 주 께 서 물 으 실 때

아멘! 아멘! 아멘!

for S.A.T.B voices, accompanied

기도

Words and Music by **여경미**

53

이 름 으 로 기 도 드 립 니 다

아 멘
아 멘 아 멘 아 멘 아 - 멘
아 멘 아 멘

오! 주여

for S.A.T.B voices, accompanied

기도

Words and Music by 여경미

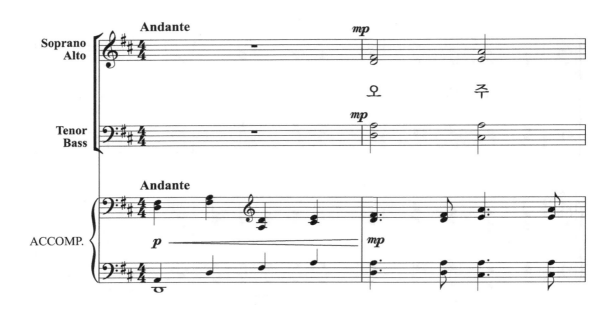

오! 주여 들어주소서

for S.A.T.B voices, accompanied

기도

Words and Music by 여경미

우리의 기도

for S.A.T.B voices, accompanied

기도

Words and Music by **여경미**

우리 기도를 들어 주소서

for S.A.T.B voices, accompanied

기도

Words and Music by 여경미

우리 기도를 들으소서

for S.A.T.B voices, accompanied

기도

Words and Music by 여경미

오! 주여

for S.A.T.B voices, accompanied

기도

Words and Music by 여경미

기 도 를 들 어 주 소 서   아 멘

아 - 멘

주여! 들어주소서

for S.A.T.B voices, accompanied

기도

Music by 여경미

주 여 들 어 주 소 서

주 의 이 름 으 로

주여! 우리 주여!

for S.A.T.B voices, accompanied

Words and Music by 여경미

기도

69

평화, 평화, 참 평화

for S.A.T.B voices, accompanied

기도

Words and Music by 여경미

내 구주 예수를
More love to Thee, O Christ
for S.A.T.B voices, accompanied

Words by E. P. Prentiss

기도

Tune: **MORE LOVE TO THEE**
by W. H. Doane
Arranged by 여경미

내 진정 소원이

for S.A.T.B voices, accompanied

Words by W. H. Doane

Tune: MORE LOVE TO THEE
by E. P. Prentiss
Arranged by 여경미

기도

주의 기도, 우리의 기도

for S.A.T.B voices, accompanied

기도

Music by 여경미

주의 기도 우리의

기 도 되게 하소서 우리 를 통해

우리 기도 들어주소서

for S.A.T.B voices, accompanied

기도

Music by 여경미

노 엘

for S.A.T.B voices, accompanied

Tune: THE FIRST NOEL
Traditional Carol, 17th Century
by W. Sandys' *Christmas Carols* / J. Stainer
Arranged by 여경미

기도(성탄)

아 멘

for S.A.T.B voices, accompanied

기도

Words and Music by 여경미

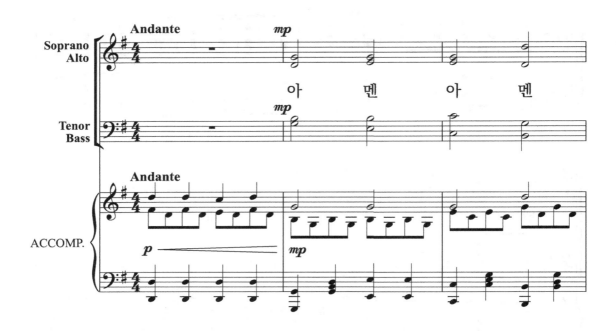

아 멘 아 멘

아 - 멘

우리 기도 들어주소서

for S.A.T.B voices, accompanied

기도

Music by 여경미

감사로 드린 예물

for S.A.T.B voices, accompanied

봉헌

Words and Music by 여경미

감사와 기쁨으로

for S.A.T.B voices, accompanied

봉헌

Words and Music by 여경미

감 사 와 - 기 쁨 으 로

주 님 께 드 립 니 다 주 앞 에

기쁨으로 감사로

for S.A.T.B voices, accompanied

봉헌

Words and Music by 여경미

하나님께 감사로

for S.A.T.B voices, accompanied

봉헌

Words and Music by 여경미

내 생명 다하기까지

for S.A.T.B voices, accompanied

Arranged by 여경미

축도

할렐루야, 아멘!

for S.A.T.B voices

Tune: 헨델(메시아)
Arranged by 여경미

축도

리 영원히 또주 의주 영원

히 할렐루야 또주가 길이다 스리

시 리 할 렐 루

야 — —

아멘! 나가세!

for S.A.T.B voices, accompanied

Arranged by 여경미

축도

세
나 가 주 예 수 만 을 위 하 여   목 숨
예 수 위 해

까 지 도   바 치 고   싸 움 터 로 나 가

세　　　목숨까지도　바쳐서주

께 영광 주께 영광아 멘

아멘! 주 날 항상 돌보시고

for S.A.T.B voices, accompanied

축도

Arranged by 여경미

친 히 거 - 느 - 리 시 니 주

날 항 상 돌 보 시 - 고 날 친 히

거 느 리 시 네

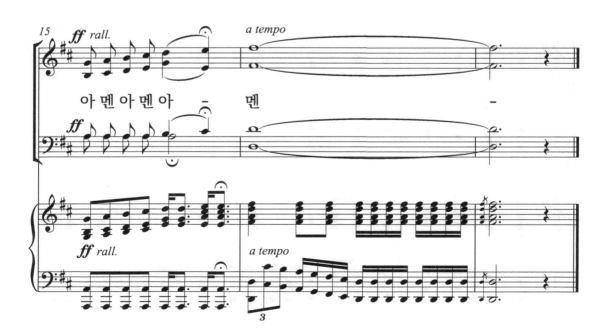

아 멘 아 멘 아 - 멘 - 멘

영광 할렐루야

for S.A.T.B voices, accompanied

Tune: **BATTLE HYMN**
Traditional American Melody
Arranged by **여경미**

축도

영 광 할 렐 루 야

영 광 영 광 할 렐 루

야 곧 승 리 하 리

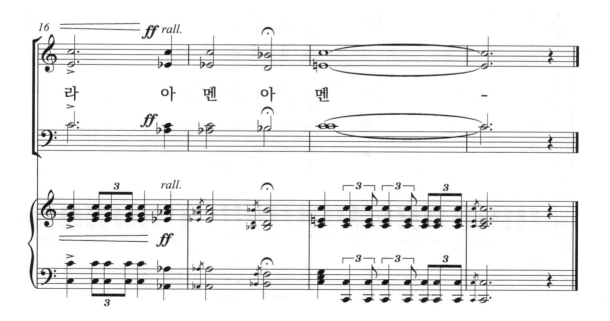

라 아 멘 아 멘

영광, 영광!

for S.A.T.B voices, accompanied

축도

Arranged by 여경미

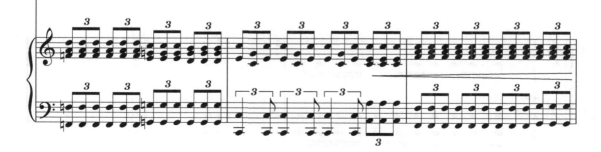

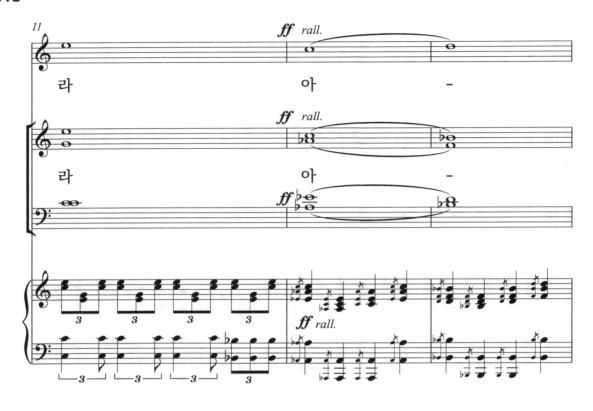

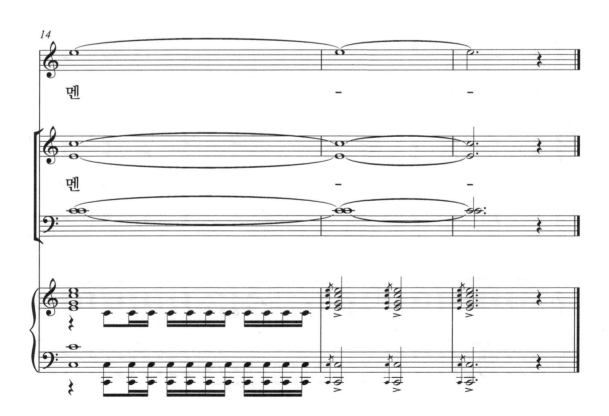

주가 길이 다스리시리

for S.A.T.B voices, accompanied

축도(부활, 성탄)

Tune: Handel, Messiah
Arranged by 여경미

왕 의 왕 또 주 의

주 왕 의 왕 또 주 의

구주를 찬송하리로다

Blessed assurance, Jesus is mine

for S.A.T.B voices, accompanied

Tune: **BLESSED ASSURANCE**
by P. P. Knapp
Words by F. J. Crosby
Arranged by 여경미

축도

이것이 나 의 간증이요   이것이

나 의 찬 송 일 세   나 사 는

115

나 사는 동안 아멘

for S.A.T.B voices, accompanied

축도

Arranged by 여경미

아 멘!

for S.A.T.B voices, accompanied

축도

Music by 여경미

엎드려 절하세

for S.A.T.B voices, with soprano solo, accompanied

Tune: ADESTE FIDELES
Latin Hymn, 18th Century
by J. F. Wade's
Arranged by 여경미

축도(성탄)

아멘! 주가 길이 다스리시리!

for S.A.T.B voices, accompanied

축도

Tune: 헨델(메시아)
Arranged by 여경미

123

아멘, 주의 인도 따라서

for S.A.T.B voices, accompanied

축도

Music by 여경미

주 의인도 따 라서 나 아가 리

라 주 의영광 위하 여

나 아가 리라

삶 을 드 리 리

주 를 찬 양 하 면 서 살 게

하 소 서 할 렐 루

야 -

송영곡집 "영과 진리로"

인 쇄 2024년 11월 1일
발 행 2024년 11월 1일
발행인 강하늘
작 곡 여경미
편 집 최시내
디자인 김애린
발행처 와이즈뮤직
서울시 노원구 초안산로 19, 302호
Tel : 1800-9556(전국대표번호)
출판등록 : 제25100-2017-000060호
교회음악전문출판 와이즈뮤직
www.wise21.com

정 가   12,000원